未来を拓く思考整理法

五つの窓（上巻）

大野　眞言　著

とうか書房

日蓮大聖人〝開目抄（下）〟に曰く

心地観経に云はく
「過去の因を知らんと欲せば、
其の現在の果を見よ。
未来の果を知らんと欲せば、
其の現在の因を見よ」

はじめに

２０２３年、令和５年７月の今、世間は、様々な課題に向き合って、日々を送らざるを得ない状況となっています。

マイナンバーカード問題、少子化対策財源確保問題、防衛費一挙倍増問題、原発処理水放出問題、入管法一部改訂問題、ジェンダー関連立法問題、統一教会跡仕末問題……。

挙げれば切りの無い、問題だらけの日本の現状です。

更には、相変らずの事件、事故の頻発。電話詐欺、電話指示強盗事件。交際相手殺生事件。乳児幼児虐待虐殺事件。警察官が、自衛官が撃たれ死亡する事件も。

その上、あっちでも、こっちでも、集中豪雨による大災害。時には竜巻等突風災害も。何よりも、飛んでも無い猛暑の毎日。

海外からも、様々な悪影響が。

新型コロナウイルス感染症による、パンデミックは、終了宣言が出されたとは言え、各国でのバラバラな事後対策。

ロシアによる、ウクライナ侵略戦争の泥沼化。米中による、経済主導争いの激化。先進国対中ロによるグローバル・サウス取込合戦。

その結果は、燃料費の高騰、穀物流通の異常事態での高騰、そして消費者物価の値上げラッシュ。

時の政権、岸田内閣は、政府主導で大巾賃上げ実現と謳い上げ。でも、サラリーマン家庭では、社会保障費の天引増加の上に、消費者物価の急騰で、実質的な賃下げ状態。生活防御に懸命、とならざるを得ない実態。

将来に対しては、人工知能の問題も。

どんどん進む、あらゆる所での無人化。バスも電車も、タクシーも、みんな人を必要としなくなるかもです。仕事が無くなり、どうやって収入を得れば良いのでしょうか。

未来にも希望が見えないのです。

そんな中で、大リーグ大谷翔平選手の大活躍、日本中が湧き立ちました。

観光地では、最大の得意先だった中国からは、政策的に締め付けられているとは言え、他の国からは、一挙に押し寄せての感。

あっと言う間の、インバウンド復活感。

元々多少の余裕の有った人達は、コロナ過での鬱憤《うっぷん》を履き出すかの様に、レジャーへの精出し。

でも、でも、多くの日本人は、先の見えない日本の現状に、大きな大きな不安を感じながら、毎日を生きているのではないでしょうか。

そんな今だからこそ、冷静に、そして確《しっか》りと、日本の、世界の、人類の、未来について考えてみませんか。

その為に、筆者が開発した思考整理法を使って、御一緒に取り組んでみませんか。

私の開発した思考整理法。構造は簡単です。

但し使い熟すために、少しばかり知識やトレーニングを必要とします。

先ずは、何時もの決まりきった生活の中に、ほんの少し、違う目線、視線の感覚を持って本書に臨んでみませんか。

読むだけです。

読み通すのです。

理解は不要です。

意味は考えずに、唯、読み進めるのです。

そこから、新たな未来が始まります。

一人ひとりの未来が、全人類の未来が。

新しい未来が始まります。

どうぞ、最後迄、読み通してみて下さい。

分からなくても結構です。どうぞ。

目次

上巻

下巻

第一章　未来を変えよう　変えられる

1．未来とは当来世

今、私達人類は、とんでもない岐路に、立たされています。国連から、こんな言葉が聞こえるようになりました、『もう地球温暖化の時代は終った。既に、地球沸騰化の時代だ。』と。

日本の猛暑、嘗《かつ》ては、南の海に散在する沖縄地方が、日本で一番暑い所でした。

それが、最近では、九州の一番北、福岡県の方が、最高気温が高い、そんな事が希《まれ》ではなくなりました。

それはかりでは有りません。

日本列島の北から南迄、北海道から九州迄の、殆《ほとん》どの地で、那覇の最高気温を上廻る、そんな、とんでもない日も、出始めたのです。

又、テレビでは、南極の氷が、ドカン、ドカンと、溶け落ちる様子が写し出されています。陸地が剥《むき》出しになってきています。かつて、南極って、本当に大陸なの、と思われる程、氷に覆われていたのにです。

他にも、ヨーロッパ各国で、北米、アメリカやカナダで、信じられない、見た事も無い様な光景が、次から次へ、映し出されています。

私達は、こんな時代に生きています。

２０２３年、令和５年の夏の今です。

国内では、熱中症対策の連呼《れんこ》です。

「クーラーを使って下さい。」「水分を忘れないように。」「暑い時の、無理な外出は控えて」等々。

それでも、部活帰りの女子中学生一人が、熱中症で倒れ、路上で亡くなっていた、そんな悲しい報道迄、なされているのです。

しかし、しかし、それなのに、それなのに、多くの方にとって、こんな現状に対しても、「なんとかならないの」と嘆く事はあっても、進んで、少しでも温暖化対策をしよう、そう思う方は、実践する方は、少ないようです。否、思ってはいるが、自分に何が出来るのか、そう言う方も多いのでは、です。

そして、やがて秋、「やっと涼しくなった。良かった。」で終わるでしょう。

冬が来れば、「寒い寒い、たまらん。」となってしまうでしょう。猛暑の事は忘れて。

〝夏の暑さに寒さを忘れ、冬の寒さに暑さを忘る〟です。

それでも、来年は、もっと厳しい夏が、暑さが、待っています。

当来世《とうらいせ》です。

仏教では、未来の事を、当来世と呼びます。

未だ来たらぬ、ではなく、当《まさ》に来たるべき時、なのです。未来は決まっています。

どう決まっているのでしょうか。

一人ひとりの生命、それは生まれた時から決まっていて、死んだ後も決まっている、と言う事です。

人が、今、生きている、と言う事は、実は、生まれる前、過去に生きていた時に、重ねて来た行為が、宿業となって今世《こんぜ》につながっている、と言う事。そして、今世に積み重ねている行為が、積み重なって、来世、次に生まれる時に、持ち込まれる事、を意味します。

宿業《しゅくごう》、それは一人ひとりの意識の中に、埋め込まれています。

意識は、考え方を拘束し、行動させます。考え方、思考方法を、柔軟にする事は、容易ではありません。

そんな人間の集まりが、人間社会です。社会も、動きが決まってしまいます。時代の流れとなります。

そして、歴史は繰り返されて行くのです。

詳しくは、**拙著『昭和・平成・そして令和は―歴史は廻る六道輪廻―』**を参照下さい。

お釈迦様は、御自身の死後の事を、当来世、必らず起こる事、として、予言されています。お釈迦様が説かれた、教えの事です。

自分が死んでも、教えは、更に拡がる、と述べられています。

最初五百年位は、自分の教えで、皆、救われ拡がって行くと。

（解脱堅固）

更にその後、五百年位は、心の安らぎを得る事で拡がるだろう。

（禅定堅固）

合わせて千年位は、自分の教えが正しく拡がって行くだろう。

（正法流布）

その後も、教えは拡がって行くのだが、様々な伝わり方の為に、その教えのための文書、経文を、集める事、読む事、聴き較べる事等、権威化され乍ら拡まるだろう。

（読誦多聞堅固）

更に、教えは拡がるのだが、権威化が進む事により、経本、経典を集めてしまって置く場所、或いは学ぶ僧侶のための施設、建物が、象徴として大切にされる、そんな時代になってしまう。

（多造塔寺堅固）。

夫々五百年位、併せて一千年位は、更に拡がり続けるだろう。

(像法流布)

そうして、二千年位の間は、拡がり続けて行く事になるが、その後は、もう拡がる事も無くなり、教えによって、人の心を救う、それも難くなり、人々は、唯、争いに日々明け暮れるようになり
(闘争言訟)

苦悩に溢れる苦しみの時代へとなってしまうであろう。

(末世法滅)

現代、将にその末世法滅の時代。お釈迦様の教えは埋没し、ゴット・エホバ・アッラー、同じ神様を拝み乍ら、殺し合い続ける人達。世界中、何処かで必らず戦争が。

その一方で、全ては科学が解決してくれる。そんな想いで、平気

で自然界を破壊し続ける文明人。それが、私達の住む地球なのです。

では、どうすれば良いのでしょう。

お釈迦様は、その時代になってからの答も残されています。法華経です。闇夜の時代に、全ての人に、明りを届ける人が現われると。

〝南無妙法蓮華経〟の日蓮大聖人です。

思考整理法は、この教えの上に立ってはいますが、今は、そのことには触れません。

さて、未来とは、当来世の事、決まっている、と述べさせて頂きました。

では、何をやっても無駄、となってしまいます。

そう、未来はみんな決まっています。

人は、必ず死を迎えます。地球も、後45億年もすれば、宇宙から、消えて無くなるようです。決まっているのです。

それでも、決して変らないモノが、一つだけ有ります。人は心を持っている、と言うことです。過去に生きていた時も、未来に生まれ変って来る時も、必ず、心を持っているのです。心を持って生きているのです。

宇宙が、物質と反物質で存在している、としても、重力・電磁力・強い力・弱い力の４つの力で成立っているとしても。人が心を持っている、その説明は出来ません。ＡＩ、人工知能を作れても、人の心は作れません。

或る時は怒り狂い、或る時は悩み苦しむ。又或る時は、喜びに溢れ、時には悲しみに沈む。全て心が動いている姿です。そして、その心は、人間だけが持っている、のではありません。

多くの人が、ペットで心を癒されています。動物だけではありません。植物からも、癒を受けたり、相手に元気を与えたりしています。生物だけではありません。

波動研究者の江本勝氏は、著書で、人の言葉で変化する、水の姿を写し出しています。それが、自然界の姿です。

仏教では、人の行動を正報《しょうほう》と呼び、反応する自然界を依報《えほう》と呼んで、自然が様々な姿を見せる事は、人間が全て原因となっている、と説いています。

この人間と自然との関りについては別次項で述べさせて頂きます。

今は、未来は決まっている、その事についてもう少し記してみましょう。

お釈迦様は、未来を予言されました。

未来の予言は、様々な人が行なってきています。

キリスト教に伝わる、黙示録等も、その種類となるかも知れません。

そこで、もっと具体的な未来の姿を、予言した例を挙げてみましょう。

一時期、大変な事が起こる、と騒がれ、結局何も起らなかったね、と忘れられてしまった、ノストラダムスの予言です。

1999年7の月
恐怖の大王が空から降ってくるだろう
アンゴルモワの大王を蘇らせるため
その前後の期間、マルスは幸福の名の

もとに支配するだろう
（『諸世紀』第十巻七二番）

と言うものでした。

ブームになったその頃、米国のノストラダムス研究者の一人は、この内容について、時期はノストラダムスの時代の暦で延長すれば、実際には、西暦２００１年８月から10月位の間に該当し、何か、とんでもない事件が起こる、と記してました。そうすると、２００１年の９月11日の、あの事件、同時多発テロによる、ニューヨークでのビル破壊事件。その事件を予言していた、と思われます。

恐怖の大王が空から降ってくるだろう。

ハイジャックされた旅客機が、突然、凶器となって、ビルに突込んできたのです。

アンゴルモワの大王を蘇らせるため
テロは、アフガニスタンを拠点としていました。かつて、モンゴルのチンギス・ハンによって征服され、一族によって支配されていました。

その前後の期間、マルスは幸福の名のもとに支配するだろう。

この時期、かつてソ連の侵攻から解放された、アフガンが、部族間の対立激化で苦しんでいた後に、イスラムの原理に返って幸になろうのタリバンが全土を掌握していたのです。

その様に理解すれば、予言そのもの、と思えなくもないでしょう。

しかし、事前には誰も理解出来ませんでした。予言とは、そう言うものかも知れません。

それでも、遠い未来の事でなければ、誰でも、毎日、予知を繰り返して生きています。明日の予定を組む、1週間の予定を組む、1年間の計画を立てる、みんな予知を試ている訳です。

中には、相当、先の事迄、予知している人達がいます。

日系の女子テニスプレーヤーの彼女。最強のテニスプレーヤーの相手と、ずっと、戦う姿を思い浮べていた、と。

望めば叶う、と言われる行為ですが、ある意味、未来を予知していた、とも言えるでしょう。

古い話ですが、或るボクシングの世界チャンピオンとなった選手。ボクサーになったキッカケを、偶々《たまたま》通り掛かった電器店のテレビに、ボクシングの試合が映っていて、それを見た瞬間、リングに立っているのは自分だ、そう思ったそうです。それ迄、全くボクシングには縁が無かったのにです。

環境問題に取り組む、ネットワーク『地球村』高木義之代表は、交通事故の被害者となって、瀕死の重傷を負った時、様々な臨死体験と、自分が、その後にやる事を、確《しっか》り見せられた、と著書に記し、未来の記憶と名付けていました。

著者も、夢の中で、訳の分からない夢を見て、その後、突然、え、この光景、全く夢で見たそのものの状況だ、そんな経験をしています。正夢、と言われるものでしょう。

誰でも、未来の記憶を、持つ事があるようです。

さて、この最後に、生死に関する、二つの思考、意識を取り上げます。

一つは、江戸時代の、佐賀（鍋島）藩に伝わる、〝葉隠〟です。

俗に、〝武士道とは、死ぬ事と見つけたり〟と言われるものです。内容は、幾つもの、実際に起こった事柄について、その中で、死ぬ気でぶつかった時には、結果的に成果を挙げられた、として、死を賭《と》して、義《ぎ》を貫け、と言うのです。

もう一つは、自死をしてしまう人達です。生きるか死ぬか、ではありません。生きる事に疲れ切って、唯、死ぬ事だけを、考えて日を送り、実行してしまうのです。ほんの少し、未来へ別の視線を向けられたら、寒い・暑いの感情に気付いてくれていたら、それだけで、変われたであろう方々。つらい定めの人達です。

日蓮大聖人『妙法尼御前御返事』に曰、「先づ臨終の事を習ふて後に他事を習ふべし」と。

2. 人間も自然の一部

地球沸騰化、とまで呼ばれるようになった地球温暖化問題。どうしてこんな事に、なってしまったのでしょう。何も悪い事していないのに。

そう、一人ひとりの人間としては、何も悪い事はしていない、そう思っています。

それなのに、何故、とんでもない台風等の水害や風害、地震や津波等の自然災害。何故、自分達が苦しまなければならないの、そう思っています。

しかし、実際には、みんな私達人間が、自然界を破壊し続けてきたからに、他なりません。自業自得の結果なのです。

何故なら、人間も自然界の一部でしかないからです。

自分達で自分達の住んでいる場所、自然界を破壊し続けているからです。

このままでは、とんでも無い未来が、待っているだけ、になってしまいます。

悪気《わるぎ》は無いのに、です。

未来を変える、それは、私達が、自然界に対する、破壊活動を押さえ、少しでも修復活動に切り換えて行く事、それ以外には無いのではないでしょうか。

では、どうしたら、それが出来るのでしょうか。

それは、私達人間も、自然界の一部である事を自覚し、自然界に学ぶ事、それ以外には有りえないでしょう。

自然界、全ては定められたリズム、法則によるメカニズムで動いています。

その法則、メカニズムを知る事、それが自然に学ぶ、そのものです。

自然界の法則、それは宇宙のたった一つの法則、真如《しんにょ》、真理、至理《しり》と呼ばれる法則から、始まっています。

宇宙の法則、至理。

それは、誰も理解する事は出来ません。理解は出来ません、感ずる事は可能です。その方法、唯一絶対の方法。

それが、日蓮大聖人の〝南無妙法蓮華経〟なのです。

今は、その事には触れず、実際には、様々な姿を見せる、法則の一部。その仕組について、仏教の言葉を使って、当嵌《あては》めてみましょう。本来の意味とは、異なりますが、理解するための、便宜的仮説です。

その一つ、〝空仮中《くうけちゅう》〟です。

宇宙は、元々何も無い、空っぽの世界です。そこには、素粒子に満たされているだけです。その素粒子が種々に変化し、電子、陽子、中性子となって、原子が生まれ、その陽子、中性子、電子の組み合せによって、様々な原素が生まれ、更に原素の組み合せによって、分子が作られ、分子や原子の組み合せにより、様々な物質が作られている。その物質が、鉱物、植物、動物へと変化を、組み立ててきた。

そう考えるならば、〝空〟空っぽの宇宙に、素粒子―原子―分子―物質と言った様々な姿が見えてくる、源は一緒と考えれば、様々な姿、それは、全て、〝仮〟の姿でしかない、となるのではないでしょうか。

それでも、人間は心を持って生きています。その心は、現実に動いています。空でもない仮でもない、どちらでもない、そうすると、〝中道〟と言う事にしよう。

そんな事になりませんか。

もう一つ、宇宙は、全ての物が、渦巻いています。原子は、陽子、中性子の周りを、電子が廻っています。その集まりの集団も、全て渦巻きとなって、磁気を発します。

全ての物は、磁気を持っています。

地球は、巨大な磁石です。

仏教用語に、〝地水火風空〟と言う言葉が有ります。

〝地〟肉体に必要な原素、それは、全てが、岩石に含まれている、と言われます。

自然界に存在する原素は、全て肉体に必要な物とも言われています。

ヒ素等の毒物も、ほんの少量だけは、肉体に必要としていて、余分な物は髪の毛に集まり、排出されるようです。そのメカニズムを超える量が吸収されると、毒物となるようです。

〝水〟生命は水から生まれました。そして、肉体の成分の２／３は水のようです。（人間）

〝火〟生きている、それは、エネルギーを消費している、と言う事に他なりません。

〝風〟エネルギーは、酸素を吸収して、酸化活動によって生み出されます。

私達は呼吸しています。風です。

〃空〃生物は、どうやら磁気によって、活動しているようです。視線を感ずる、それは相手の出す磁気を感ずる事でしょう。鳥も虫も魚も、旅をする群があります。地球の磁気を感じて、移動しているようです。

宇宙、〃空《くう》〃の中に満ちる磁気、見えません。従って〃空〃そのものとなるのではです。

以上難解な仏教用語を、勝手解釈で、科学に当嵌めてみました。飽くまで、科学で何でも解決出来る、そんな現代風潮に対し、立止って周囲を見てみませんか、そんな思いからです。御承知置き下さい。

さて、本題の自然に学ぶ、と言う事です。

言葉で、自然に学ぶ、簡単な事の様です。

しかし、現代人にとっては、とてつもなく難しい事なのです。

自然に学ぶ、それは、生活そのものが、自然の中で、自然を相手に、或は、自然と協調して、生きて行く、その中でこそ得られる事、だからです。

嘗《かつ》て縄文人は、グループ毎に生活する中で、全てが自然界からの恵みを受けてのものでした。従って、その自然の恵みの、根源となる場所、湧水池とか、陽光を充分得られる場所、等に対し、感謝の想いを向けていたようです。

古代の信仰対象、自然崇拝です。

その後、弥生人がやってきて、同化してゆくなかで、部族生活も拡大し、その中から、特に強力な権力者が現われたりして、社会生活へと変化してきたようです。

思想的には、自然崇拝から人物崇拝への変化。日蓮大聖人が〝神天上〟と示されたのはこの事かも知れません。

社会的には、原始共産主義から、封建主義への変化、今の日本に続く道でした。

閑話休題
現代日本で、食料を生産獲得するために働く人々、つまり農業人口は、登録されている人々、（実際には会社勤めの人も含め、）僅か5％程度に過ぎないのです。ちなみに、１９７０年代の英国では農業人口は３％迄減少。少し前、江戸時代には90％程度だったのになのです。

いかに、自然から離れた生活なのかでしょう。

この、5%程度の農業人口は、二つの大きな意味を持っています。

一つは、生活面で直接自然と向き合う人、それが僅か5%程度の人、と言う事です。

つまり、100人の人が居れば、その内95人の人は、全く生活の為に自然と接触する日が無い、と言う事です。観光での接触は、自然との対話には不足です。一面だけだからです。

もう一つの大事な事、それは、100人の方が、生きてゆく為に絶対必要な食料が、僅か5人の方によって作られている、となります。実際には、食料自給率を40%程度とみれば、95人の方の食料は、5人の人と、外から7.5人程度の人が作った物から、受取っている、となります。

直接、生きる為の労働をしないで、どうやって食料を得る事になるのか、それは経済学の分野になります。後半別章で触れる事になるでしょう。生活に必要な食料が、生産者が何故充分に得られないのか、です。

今は、１００人の内、95人は、直接自然界を生活の場としていない事を考えましょう。自然界から学びを得る、それは、しっかり自然を見つめる、その中から、僅かな人だけが、気付を得られる事なのですから。

一般の人が、自然から何かを学ぶ、それは、非常に困難な事でしょう。幸《さいわい》、筆者は、偶々、日蓮大聖人の教えに縁する事が出来て、全てが変わりました。

いつの間にか、自然と向き合う生活となっていたのです。

余談乍《なが》ら、少しだけ筆者の個人事情について、述べさせて頂きます。戦中生まれの戦後育ち、と言われて、一億総中流と言われた時代を、生きてきました。

世間からは、平均的中流階級の人間、とみなされそうです。個人的には、内実、飛んでもない、地獄の苦しみの中で、のたうっていたのです。

人並に結婚出来ました。二人の娘にも恵まれました。その妻が、まだ幼児であった娘二人と近所のママ友に誘われ、日蓮大聖人の信心を始めてくれたのです。

そのお陰で、何とか、やってこれただけでした。何時、自分が暴走するか不安を抱え乍《なが》ら。

自分も信心をするようになって、知った事ですが、自分は地獄の生命だった、と言う事です。日蓮大聖人は、嗔《いか》るは地獄、と示されています。常にイライラ怒っていて、何時、暴発する事になるか、そんな不安を抱えて生きる。その自分自身を、異常な人間なんだとして、苦しむ。精神的には、籠《こも》りがち、肉体的には、様々な異常、人に知れない苦しみ、それが地獄なのです。

その地獄から、逃げるために、仕事中毒に。担当業務に没頭、結果、上司の指示も無しに、勝手に事務改善。成果を出しても、評価は別。そんな生活も、父の死をキッカケに、妻子の信心に合流してから、一挙に全てが変わりました。

仕事面では、一人で何でもこなす、それが、職場ばかりか、関連職場にも眼を配り、メンバーの育成迄取り組む、そんな立場を与えられる様になったのです。

その中で、この本の題とした、思考整理法も生まれることとなりました。不思議な事でした。

更には、自己啓発を求められ、経営職務に必要な、巾広い学問、経営学、会計学、経済学等々、高度な通信教育と異業種交流会の組み合せの会に入会、勉強出来ました。

社会常識さえ不足気味の自分だったのに、でした。社会の様々な事への知識を得ました。更に、不思議な事に、一方で、環境問題へ、眼を向けさせられたのです。

生ゴミ堆肥化資材、ＥＭボカシを開発した、琉球大学の比嘉教授（当時）の講演を受けたり、環境問題に取り組む、ネットワーク『地球村』高木善之代表と出会ったりでした。一挙に、環境問題に目覚る事になったのです。挙句、会社も止めざるを得なくなり、退職しました。幸、早期退職制度の導入が有り、対象として貰い、年金生活へ繋ぐ事も出来ました。

それから、地球環境問題改善の、鍵を握っているのは農業では、の思いに至りました。

そこで、当時は、千葉県佐倉市に住んでいたのですが、市内の有機農家、林重孝さんを訪ね、教えを請う事にしたのです。

暫く通いでの実習後、借地での畑作を始め、以後も、交流を続ける事によって種々の教えを得られました。

そうして、生計の為ではありませんが、自給半分、研究半分の様な、畑仕事を九州移住後の今でも行なっており、その中から発見した、自然界の様々なメカニズム、法則を、皆様にお伝えしたいと考えているのです。

知る事によって、生き方を変える事が出来ると思うのです。それが、死に方は、生き方。生き方は死に方。臨終正念の教に向かっていると思うのです。


ここからが本題です。

自然界には、様々な法則を内在しています。その基本的なメカニズム、それは、バランス保持のメカニズムです。

丁度、起き上り小法師、不倒翁の様に。

一ヶ所に、力を加えられても、元に戻そうとする力が働いているのです。

そのバランス保持の為の仕組としては、一つには、数の法則が有ります。1：8：1の法則です。

ＥＭボカシを開発された、琉球大学の比嘉教授は、その前後で、微生物の存在についての働き方に注目しました。

善玉菌（発酵系）と悪玉菌（腐敗系）の他に、条件次第で、どちらにも味方して働いてしまう、日和利菌の存在でした。

その比率が、１：８：１だった、と言う事でした。

その事は、様々な現象に共通していました。例えば、種を播きます。一斉に発芽する訳では、決してないのです。最初に、僅かな発芽（1相当）があり、やがて一挙に発芽します。（8かも）

そして、相当、時間が経ってから、また、僅かな発芽を見ます。

途中、悪条件のために、殆ど駄目になっても、忘れた頃に、今度こそと、芽を出すのです。１：８：１の法則に見えます。

しかも、種の保全のため気象条件に対応するための様にみえました。人間も、同じ事のような気がしてきたのです。

僅かなグループでも、リーダーと、アンチリーダーが居て、間に、どちらにも着く、メンバーで構成される。しかも、常にリーダーに異を唱えるアンチリーダーは、リーダーの方針が、時代に適合しなくなった時に、入れ替る事になります。

この1：8：1、政治の世界では、8の部分が、3：4：1に更に分類されている様に見えます。

与党関係者1、支持する政党3、どちらとも言えない4、野党支持1、野党関係者1の比率です。つまり、1：8（3：4：1）：1の比率に感じられます。

反対意見に耳を傾けるは名君、反対者は排除するは暴君、独裁者、人間の社会です。

次は間引のルールです。

自然は、循環しています。

循環には、歪がつきものです。

その結果、生きる物にも、増える物があれば減る物も出てきます。

その中で、過剰に増加した物に対し、間引きが行なわれ、標準化を進める、そんなメカニズムが、組み込まれています。

肉食動物が、草食動物を襲うのは、草食動物が増えすぎて、植物を断えさせる事のないようにしているのです。

植物も、気象条件が、ある植物に好適で増殖を始めると、他の植物にとっては、危機になってしまいます。

その時に、一挙に増殖を始めた種に対し、虫が食害する事で、間引きを行ないます。

虫や小動物での間引が、間に合わなくなると微生物が、病気を起こさせる事で、間引きを進める事になるのです。

微生物の世界でも、菌を食べる菌がいます。間引きのバランスです。ちなみに、抗生物質とは、元々は、菌を食べる菌の消化酵素の様なものでは、なかったのではないでしょうか。

何れにしても、自然界の、循環の世界とは、全ての存在が、夫々に、役割を担って動いているのです。

無駄な物は、何も無いのです。

にも関わらず、人間だけが、とんでもない、過剰繁殖を続け、地球を壊し続けています。その行為に対し、行なわれる間引き、それが人間同士の殺し合い、だったり、津波や地震と言った災害となってきます。

人間も、自然界の一員、の条件からは、逃れられないのです。自然から学ぶ、それは、全ては、バランス保持のメカニズム、その中に、組み込れている、その事を知る事、に他なりません。そして、生かされている立場、を知る事が出来れば、全てに対して、感謝の心が生まれます。縄文人の心です。

日蓮大聖人は、知恩報恩が大事とされ、その中に、一切衆生への恩を挙げられています。理解の仕方によっては、全ての存在に対して と読む事も出来そうです。

自然界の間引の姿、そして、全ての存在に大事な役目が有ると言う事。

具体例を挙げておきましょう。

大分県の有機農家で、新規就農希望者の為に百姓塾を主宰したり、アトピーの方のために断食道場を開いたりしている、赤峰さん。或る講演会で、こんな話をされてました。

「カメムシは神虫です。」でした。

何故なら、カメムシは亜硝酸を含む葉を、好んで食べるから、と言うのです。その意味を知りたくて、調べた事があります。どうやら、植物は、土壌中の窒素を、硝酸態窒素として吸収し、葉緑素を作っているようです。

その硝酸態窒素は、硝酸菌が硝酸を、亜硝酸金が亜硝酸を作り出しているようです。

土壌中の条件によって、活性度が変わるようです。

その硝酸態窒素は、どちらも人間にとっては、発癌性物質として有害ですが、亜硝酸の方が毒性は強いようです。ですから神虫と。

野菜の栽培で観察を続けると、様々な昆虫の食害には、決まったパターンが有る事を、知る事が出来ました。

キャベツの好きなモンシロチョウ。

確り成長を続けるものより、少し育ちの悪いものの方が、食害が多いのです。土壌中の様々なミネラルや窒素を、一人締めするキャベツの成長を押さえる為でしょうが、それでも、弱い株から食害します。

肉食動物が、草食動物を襲っても、得られるのは、幼いとか、年老いていたり、ケガをしていたり、逃げ遅れる者が、餌になるのと同じ感覚です。

日照りに、先に芽を伸ばし始めた大根、他の草が必要とする水分を、大量消費となるのを防ぐように、一挙に、名も知らない昆虫が飛んできて、食べ尽していました。

畑を、毎日眺めていれば、その時の自然条件が、野菜と虫たちの関係として、理解出来るようになります。

毎年パターンは変ります。何年経っても、良し分かった、とはならないのが、自然農法です。

その中で、生き残った作物、大変な生命力を持っていて、人間には、大きな力を与えてくれるのです。獲得は容易ではありませんが。土中の有機物を分解してくれるミミズ、増え過ぎると、生きている芋を食害します。

間引の為に、モグラが餌とします。小さな虫を食べる足長蜂、その足長蜂を襲うスズメ蜂。スズメ蜂は、時にはカマキリさえ襲います。虫が少ない時にはです。

どれだけ書いても、切りが有りません。

菌を食べる菌がいます。

抗生物質の原点では、と思います。

自然界の存在に、無意味な物は有りません。みんな、何かの役に立っているのです。

人間も一緒です。全ての人が、誰かのために役に立っているのです。

それが、自然に学ぶ、と言う事です。

決して、殺して良い相手などいないのです。どんな悪い事をされようとも、仕返しは、同じ悪さ、なのです。悪が無ければ、善も無くなります。残念乍ら、他の生物には見られない、人が人を殺す行為、自然界に嵌込《はめこ》まれた、間引のルールに、乗っているのではないでしょうか。

第二章　思考の整理を

１．今こそ思考の整理を

仏教に、無間《むげん》地獄、と云う言葉があります。どれだけ考えても、決して答えの出ない、悩み苦しむ姿、のことです。たった一つの、思考の中に落ち込んで、ぐるぐる廻り続ける、苦悩の姿。

休む事の出来ない、止む間が無い、だから無間なのです。

決して出口の見えない、苦悩の姿、それが地獄の姿です。

ロシアによる、ウクライナ侵攻。先の見えない地獄の姿です。

世界中の人々が、心を痛め続けているその時、突然、今度は、パレスチナ、ガザ地区ハマスによる、イスラエルへ侵攻してのテロ行為。反撃としての、イスラエルによる、ガザ地区への猛攻。

市民に対しても、ハマス協力者として、容赦ない攻撃。

多くの市民の、泣き叫ぶ姿。少し前の、ロシアが、ウクライナの一部都市での攻撃に、苦しむ市民の姿を、更に上廻る様な、苦悩の姿が、テレビ画面に映し出されています。

放送局の中には、テレビ番組で、それまで毎日、ロシア、ウクライナを取り上げていたものが、イスラエルのガザ侵攻と、併せて放映、となりました。

様々な番組で、様々な論評、解説が、行なわれています。

ユダヤの歴史、ナチスによる虐殺、突然のアラブ地域、パレスチナでの建国。

更に、度々の中東紛争。

更には、米国での大統領選との関係や、ロシア、ウクライナ問題への影響、米国とのイスラエル、アラブ、夫々の関係、等々。

世界の、今の姿が浮かび上がっています。

中には、第三次世界大戦への心配の声さえ。更には、原油価格への影響、世界経済への影響等、論評も様々続けられています。

そんな中で、さりげなく流された、ある情報。筆者にとっては、驚愕の情報でした。イスラエルには、モサドと呼ばれる情報機関が有るようです。

世界での最強レベルとされています。米国との関係からすれば、多分、ＣＩＡとも繋がっている、とも考えられます。

そのモサドが、ハマスの動向を、全く知らなかったのか、との質問が、ネタニヤフ首相にされたのに対し、首相は、全く無視して、自分は知らない、の発言だったようです。

ハマスの襲撃は、イスラエルとパレスチナ、ガザ地区との境界近くでした。そこで、フェスティバルです。

イスラエル軍は、ハマスの地下トンネルについても、詳細に熟知していたようです。

ガザ地区への攻撃が、アッと言う間に、行なわれた事、まるで、待ってましたの反撃、と筆者には感じられました。

嘗《かつ》て、日本が、真珠湾攻撃に踏み切った。その前後についての記録を思い出させられました。

当時の米国社会、ナチス、ドイツの周辺国への侵略行動、第二次大戦の勃発、にも拘わらず、国民にとっては、対岸の火事、だったようです。

政府は即参戦、で、ヨーロッパへの派兵を、と進めていたのですが、国民からは、積極的反応が無く、困っていたようです。真珠湾によって、日本憎し、三国同盟憎し、一挙に、挙兵一致の大合唱となったようです。日本は、宣戦布告の直後に、急襲の予定でした。

しかし、宣戦布告を通告するための、大使（もしかしたら代理の公使だったか、古い記憶で資料も手元に有りませんが）の、当日の行動が、不思議な道路事情で、妨害された、ようでした。通常では、充分な余裕を持って出掛けた、にも拘わらず、道路の通行止めにあったり、廻り道をしても、そちらも混んだり、だったの記録があります。

結局、大巾に遅れての宣戦布告となりました。日本のだまし打ち、の真珠湾となったようです。

真珠湾には、名だたる軍艦が、揃っていた、とは言え、老朽艦ばかりだったようです。新鋭艦は、カリフォルニヤ沖に、停泊していたとのことでした。

真珠湾攻撃の、航空隊を指揮していた、南雲中佐（当時）は、帰路に、情報を得ながら、燃料の心配で、無視した、と言う事の様です。山本五十六連合艦隊司令長官は、後に、「南雲は気が小さいから」と笑っていた、そんな記録も残っています。

戦争が始まると、日本の暗号は、全て解読されていて、山本五十六大将も、撃墜されました。狙い撃ちでした。

筆者が、昔、様々な図書を読みふけっていた頃の、記憶であり、不確な記憶ですが、何故か、納得していたものでした。

一神教として、神様を信じている人達の、集まっている国のことです。

神様以外には、恐れる事は、何も無いのでは、です。

神様が人間を作ったからですが、自由を与えたため、人間が勝手な行動を始めたのですから。

神様は、全てを作ったのです。

人間も、家畜も、野生動物も、みんな神様が作ったものです。

家畜は家畜として、人間のために、神様が作ったものです。（旧約聖書、創世記）

家畜は、食べても良いが、野生動物は食べてはいけないのです。

捕鯨も禁止に（グリーンピース）。

嘘も、条件付きでの禁戒です。

「汝、隣人について、偽証してはならない。」（旧約聖書、出エジ

プト記、モーゼの十戒より）

仏教では、嘘（妄語）をつくばかりか、ハッタリ（綺語）も悪口《わるくち》（悪口＝アック）も、2枚舌（両舌）もしてはならないのです。

一神教では、どんな事をしても、神様が、聖霊、使徒を通じて、示された、聖書に書かれた事が全てなのです。更には、タルムードやコーランも。

ふと、もし、ロシア・ウクライナ問題、イスラム、ハマス問題、こんな今、ケネディだったら、どんな対応をしたのだろうか、そう思ったりします。同じ一神教の信徒ではありますが、バイデンとは、違った判断が、有っただろうか、そんな思いもです。

そのケネディは、暗殺されています。

米国大統領は、暗殺の危険を、常に背負って任に当たっているようです。

ケネディ暗殺には、三つの背景が、噂されていました。

一つは、米国軍産複合体との軋轢でした。

キューバ危機で、米ソ危機一髪を何とか切り抜けたケネディ。でも、軍部やＣＩＡは、キューバ在住米国人保護の名目で、キューバへ侵攻しようと試みていたようです。ケネディは決して許さなかったとの事です。

キューバ革命以前の、バチスタ政権は、ＣＩＡの協力者だったようです。

ＣＩＡの協力者と言えば、他にも、麻薬王で追放された、パナマのノリエガ将軍なども、挙げられています。噂ですが。

二つ目は、当時、化学物質による環境汚染が、米国内で、問題になっていました。

環境問題の入口とされる、レイチェル・カーソンの「沈黙の春」が出版されていました。日本では刺激を受けたのか、有吉佐和子が「複合汚染」を出版。ケネディは、本気で向かい合おうとしていたようです。

そうなれば、化学産業にとっては、大きな負担を負いかねませんでした。

三つ目は、元々ケネディのバックに有る人達でした。

ケネディを、大統領にまで押し上げたのは、カナダ系で、米国に大きな力を持つ、酒蔵メーカー一族の名が挙がっています。

禁酒法の時代に、カポネに、洋酒を流していた、と噂される人達です。

禁酒法廃止後は、皆滅状態となった在来米国メーカーに対し、カナダから乗り込んで、一挙にトップ企業となった人達です。

資金の出所のようでした。

その人達は、カポネの時代から、マフィアとは、縁があったようです。

そして、米国のトラック業界、運転手組合の背後に、そのグループの姿がちらついているとの噂もです。

運転手組合の票は、結構まとまっていて、票田となったようです。

ケネディは、どうやら、米国内の力有る人達全てを、敵に回したようでした。

ケネディが暗殺された後、マフィアに関して何故かほとんど皆滅状態に、追込まれたようです。ＦＢＩが、暗殺事件の真相解明にと、マフィアのメンバーを、裁判所に連れて行こうと、ガードしても、不思議な事に、必ず暗殺されてしまったのです。何人ものマフィアのメンバーが、もっと強い力なのかもです。

本章に、取り組もうとした矢先、イスラエル・ハマスの戦闘勃発です。思わず、飛んでも無い方向へ、筆が進んでしまいました。

ここからが、本題です。

社会には、情報が溢れています。その情報を私達は、どう理解し、判断し、行動しなければならないのでしょうか。

今が良ければ良いじゃないか。

何か起ったら、その時考えよう。

どんな事が起こっても、自分が当事者にならないで済んだなら、考える事も無い。

そんな考え方をお持ちでしたら、筆者の思考整理法は不要です。

もし、未来を、少しでも良い未来へ、自分の出来る事を、探し実行したい、そう思う貴方、そんな貴方の為に、本書は筆を進めて参ります。

温暖化は待った無し、です。

戦争も、もう止めにしましょう。

その為に、私達が、今、なすべき事を、なせる事を、考え、実行しましょう。

その為に、思考を整理しましょう。

2. 思考整理法いろいろ

私達の脳は、毎日24時間、休み無く働いてくれています。夜、寝ている間にも、脳は働いてくれています。その日、起った出来事、体験した経験、思ったり感じたりした心の動き、それらの全ての整理をしています。後になって、思い出す事が出来るのは、既に整理された結果の中味だけです。

幼い頃からの、記憶を辿れるのも、いつでも取り出せる様に、選ばれた内容だからです。

さて、それでも、脳の中味は、いつも満杯です。現代社会は、余りにも情報量が多過ぎるからです。

そこで、少しでも、起きている間に、思考の整理をしておく事が、大事ではないでしょうか。

私達は、様々な心を持った、多くの人と、一緒に行動し、協力し合いながら、生きています。お互いの心を、出し合い理解し合う事は、容易な事では、ありません。

そこで必要になるのが、皆で、同じ理解を、進める事ではないでしょうか。

私達が日々を生活している、家族、職場、学校、町内会、地域、国…。そこでその中の夫々の場での、同じ課題に向き合い、共通理解を簡単に進める事は出来ません。

その為に、思考整理法が、必要になります。思考整理法によって、課題を共有し、対策を出し合い、夫々の役割を認め合う。

改めての思考整理法、と言わなくても、実際には、日常的に、実践されている事が普通です。その中で世間に普及している思考整理法を再確認してみましょう。

①ＫＪ法

ＫＪ法、昭和40年代に、企業の人材育成に活用されていました。筆者も、会社の研修として、全国の様々な職場から、集められた若手社員の一員として、合宿形式で行なわれ、参加しました。詳細な記憶は、残っていません。

ＫＪ法は、民族学者の、川喜多二朗と言う方が、アフリカでの民族調査活動中に、調査方法として生まれた、ようでした。本も渡されました。

内容は、一見、何でもない事に感じられるような事でも、片端から拾い出し、カードに記録する事から始まります。

そのカード1枚には、一つだけの項目とし、集まったカードを、テーブルに拡げ、関連を見付出し、並べ替えたり、線で結んだり、そんな方法で、実は大きな連繫の姿、を発見しようとする、そんな方法だった、の記憶です。或る意味、刑事物のドラマで、黒板等に、様々な人物の関連を、見付け出そうとするのに似た感じです。

自分達の、実際の研修では、自分の抱える課題を、仕事に関係なくても、何でも出し合い、相互理解をする、そんなトレーニングでした。

②ＰＤＣＡ法

企業関係で、広く使われる方法です。

Ｐｌａｎ，Ｄｏ、Ｃｈｅｃｋ、Ａｃｔｉｏｎの略です。

つまり、計画立てて、やってみて、結果を確認、それから実践、それを繰り返そう、そう云う考え方です。

③ヒヤリ、ハット発掘法（ＫＹＴ：危険予知トレーニング）

様々な、安全対策のための、検討材料を集める為に行なわれる方法です。

ほんの小さな事でも良いのです。

あの時、一瞬、ハッとした、とか、ヒヤッとしたとか、出来るだけ多くの体験を、拾い集め共有化する方法です。

一つには、その積み重ねによって、危険を予知するトレーニングになります。

もう一つは、ルールや設備改善に、役立てるものです。例えば、駐車場での出来事での、類似したヒヤリ、ハットが出された時、駐車場への出入方法の変更や、駐車方法、横型、竪型、斜め型等、線引の変更実施もあります。

車を運転する人は、突然人が飛び出してきた、車が割込んできた、等々様々な経験を、次回以降の運転時に、道路状況の類似性を見付け、注意する事で、安全運転が高まる等も、日常的に行なわれています。

④トヨタの看板《かんばん》方式

トヨタ自動車の、製造現場で、現場作業員の方々が、編み出した、と言われる方法です。工場での、製造工程での工夫改善の結果ですが、一般的にも活用出来ます。

その考え方が大切です。

それは、誰でも一目で分かるようにする事、しかもそれは、次の行動につながるためのもの、と云う事です。

当たり前の事ですが、本箱には、本を立てて収納します。収容だけなら寝かせればですが、背ラベルで、一目で本の中味が分かります。その上、図書館の本には、記号を付けたりして、収容場所の指定がなされます。

この様に、様々な事柄に、応用出来ます。

家事の中でも、家族みんなが、共通認識していれば、様々な、円滑な家事が、進められるでしょう。僅かな工夫で良いのです。

ポイントは、誰でも見たら状況が分かる、しかも、只分かるだけでなく、次の行動への役に立つ、その為の仕組み作りです。

大事な事は、常に、次の行動のため、であることです。

誰が見ても、良く分かる、それだけでは、意味がありません。次の行動を、促すものでなければなりません。未来の予測が前提です。

⑤ 1/2×1/2法（仮称）正式な名称は知りません。

私達が、毎日接触している、様々な現象は、様々な要因を抱えています。

その様々な要因を、全て理解しようとする事は容易な事ではありません。

そんな中で、本質的な特徴を持つ要因を絞り出します。

その要因には、相反する内容を持っている事です。

そんな要因が、しかも二つが組み合わされている、そんな形を性格として、持っている事です。

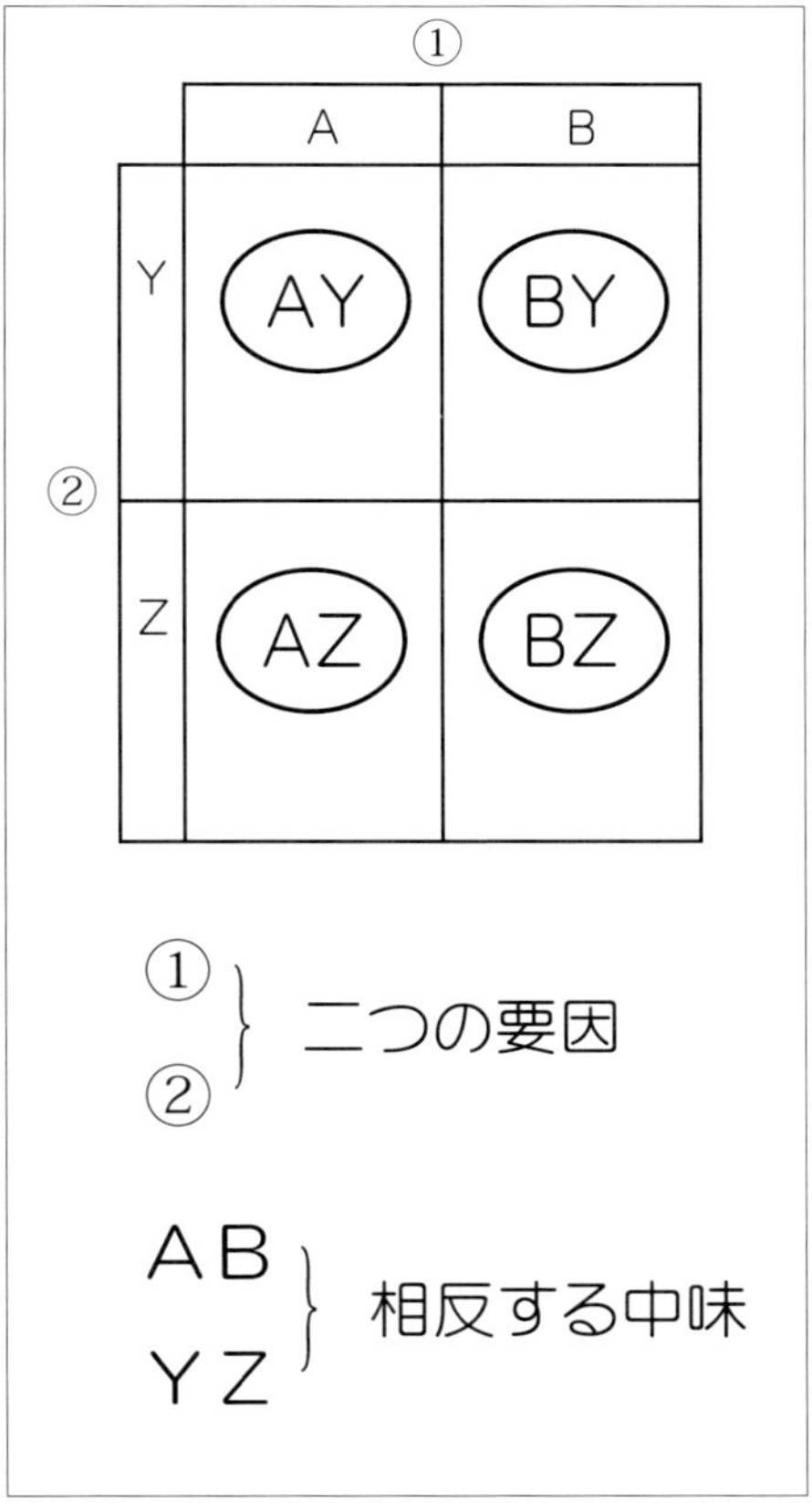

相反する、A対Bの関係、Y対Zの関係、しかも、①と②は必ず、組み合わされている事が必要です。

理論よりも、具体例が分かり易いでしょう。微生物の世界です。微生物には、光（①）を好むもの（A）と、光を嫌うもの（B）があります。

同じ微生物が、別途、空気（②）を好むもの（Y）と、空気を嫌うもの（Z）があります。その二つの要因、光と空気、その二つの要因の相反する性格に分けて、その要因の組み合せによって、4種類の性格に分類出来る、と言う事です。

AY　①好光・好気型

AZ　②好光・嫌気型

BY　③嫌光・好気型

BZ　④嫌光・嫌気型

以上、微生物には、大略４種類の性格に分類出来る、となるのです。ちなみに日本酒は好光好気のコウジ菌、嫌光嫌気の酵母菌を利用しています。

もう一つ例を挙げましょう。

人の心の事です。心理学です。

人の心は、感情で動かされる事と、理屈で動かされる事、二つの要因で動かされます。その要因の、どちらを大事にするのか、それが性格となっていきます。

義理と人情とか、言われます。

一般的に、子供を産み育てる立場の女性は、直感的に行動する必要から、感情を大事にする傾向が見られます。

感情を大事にする事を情緒型と言います。

一方、常に、組織活動での秩序のための行動を取る事の多かった男の方は、理屈が通るかどうかに関心を持つ事が大事でした。

論理型と言います。

勿論、一口に、男は論理、女は情緒、と言う訳ではありません。

芸術家は、情緒型の傾向があります。

組織を束ねる立場の女性は、嫌でも論理型を求められる事になりそうです。

ついで乍ら、馬鹿と言われてカッとなるのは論理型。どうせ馬鹿だよ、と否定しないのは情緒型。

意地悪だねと言われ、そんな事無い、と向きになるのは情緒型、そうだよ意地悪だよ、と肯定するのが論理型、と言えそうです。

さて、論理型・情緒型の性格分けの外に、もう一つの、大事な性格が有ります。

それが、常に、自分の心の動きに、関心を向けているか、向かい合う、相手の心に、関心を持っているのか、の二つの方向です。

例えば、人に良く思われたい、は内向性。向き合う相手は、自分をどう思っているのかな、と観察する心が外向です。

良く見せたいから着飾る、は内向性。相手が喜ぶから、又は、不快感を与えたくないから、は相手の心に関心を持つ、外向性です。

3．相手の話から、納得出来る、或いは、自分の役に立つ内容だ、と思うのは内向型。この人は、こう云う考え方をするんだ、と思う

② ＼ ①	情緒	論理
内向	内向 情緒	内向 論理
外向	外向 情緒	外向 論理

のが外向型です。

具体的例を挙げてみましょう。

詐欺師は外交型。被害者は内向型、と云えそうです。

スポーツやゲーム、とことん強くなる人は、外向型。好きだけど勝てない人、は内向型、と言えそうです。

一般的に、内向型が普通の事です。外向型は、後から作られて行きます。

小乗仏教の修行完了者を阿羅漢《あらかん》と呼びます。種々の力を持つとされますが、その一つに、人の心が分かる、と言うものが有ります。外向型思考を身に付けた、と言うものでしょう。

⑥陰陽五行法

最後に陰陽五行法です。

古代中国での思想ですが、筆者の勝手解釈で示してみましょう。

⑤の1/2×1/2分類法と似た手法です。

但し、最初に或る現象を取り上げ、陽を当てます。（陽です）それを二つに分けます。（陰です）

次に、初めの現象と相反する現象にも陽を当てます。三つになります。（陽です）

その現象を二つに分けます。（陰）

すると四つの項目となります。（陰＋陰＝陰）

最後に、その四つの全てを包括する現象に陽を当てます。五で完結です。陽となります。中国は五進法と云われます。

1つを二に分け、そこに一を足し、足した1を二つに分け、先に割った二に、後から足した分も割って足すことで、四に増えます。それらを、全て含んだ現象として新たな現象が加わり、五となって終了です。

陰陽五行となります。

具体的には、熱エネルギーに陽を当てます。1の陽となります。熱エネルギーは、古代では、木を燃やして火を出すことで発生します。

材料の木と、結果の火に分けられます。

二つに分かれて陰となります。

次に、発生した熱エネルギーは、吸収されます。新たな用件で三となります。陽となります。熱エネルギーは、吸収されますが、それには水と金《かね》に分かれます。陰となります。合わせて4となり、陰のままです。

そして、熱エネルギーを発生する木も火も、吸収する水も金も、全てを含むものの存在に、陽を当てます。土です。土の中には、全てが含まれています。陽となります。

ここで、熱エネルギーに関しては、完結となります。五です。

次に、様々な現象を取り上げて、1からスタートして行きます。

最初の、木火水金土に、関連して、何かに結び付けて考えます。

その上で、最初の陰陽五行に、次々とプラスして行く意味で五進法となります。

姓名判断で、字画の数で占いをしたりします。その時は、最初の五迄の数字に意味を持たせますが、六については、五＋一となって、陽の五と陽の一が合わさる事は、二つの事柄としての陰の意味と、夫々が陽の意味を持っての六、となることから、陰陽合わせた意味を持たせて行きます。陰陽五行による五進法です。字画による姓名判断でした。

様々な占いが、世にはびこっていますが、その根本を知った上で、多少の意味を持っている程度に、理解すれば良いのでしょうが、時には、それが全てだ、絶対だ、と勘違いする所から、様々な問題が始まります。

要注意です。

年初に、鏡餅に付いたカビで、その年の作物の出来を占う事を、神事としている話も、伝わっています。

微生物が、気象条件によって、様々な種が、活発化したり、休眠したりする、その現象を捕えている、と理解出来ます。一理は有る事になります。但し一時的現象です。

陰陽五行法イメージ図

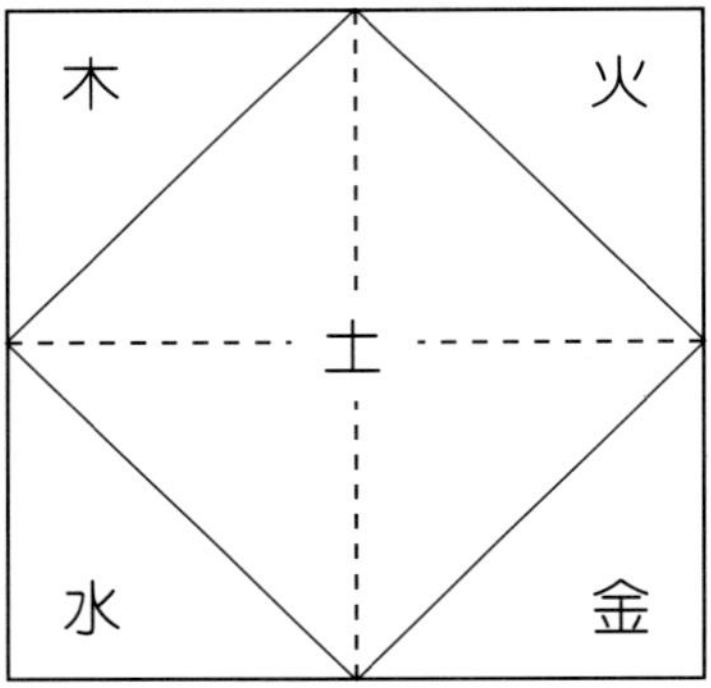

絶対的な真理は唯一つ、日蓮大聖人の〝南無妙法蓮華経〟だけです。心に止めておいて下さい。

第三章　五つの窓で未来を

1．五つの窓の開発経緯

前章で、様々な思考整理法について、述べさせて頂きました。筆者の五つの窓は、それらを参考にした訳ではありません。無意識に、参考になっていたかも知れませんが、結果的に、後から振り返ってみたら、様々な思考整理法が有ったのでした。そこで、開発に至った経緯について、述べさせて頂く事で、一層の理解を得られればうれしいと願うものです。

筆者のサラリーマン時代、ビール会社の販売部門での主に物流業務の担当者でしたが、転勤により、一時期製造部門（工場）での物流業務担当者へと変わりました。

そして、実際に物流業務に従事していたのは、下請の形での、子会社運輸会社でした。

支社、工場、運輸会社は、夫々《それぞれ》に連携しての日常業務でした。

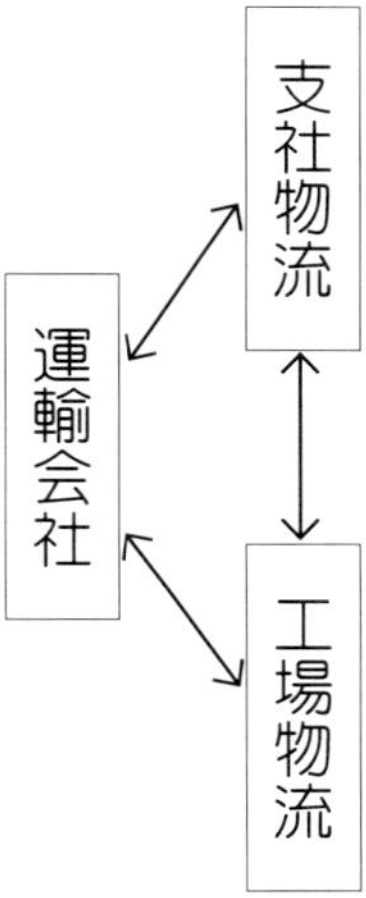

三者は、毎日、密接に連携しての業務運営を実施していました。

そんな中で、毎日の連絡体制の中で、立場の違いによって、どうしても、相手に対しての不満が生ずる事も、多々有ったのです。

そこで、相互理解によって、一層の日常業務の円滑な運営を、と考えました。

本社の物流統括部門の協力、理解を得た上で、夫々の窓口担当数名を集めての休日も利用した（休日出勤扱い）研修会を始めたのです。

最初は、メンバーを固定し、プロジェクト、チームのスタイルで出発しました。

合同会議を重ね、相互理解のために、互いに知りたい事を出し合いました。

そして、その内容について、聞かれた側が、数値化した資料を作成し、２回目の会議では、資料を基にした質疑応答。

そんな事を、何度か繰り返した上で、総合的な業務の為の背景資料の形で、まとめられ、本社物流統括部門への報告、となりました。

その後も、業務関係の、環境が、急変を続ける中で、以後は、相互理解による、業務改善、そのための人材育成を目的に、定期的に、毎回、メンバーを交替しての、短期的研修会を実施していました。

その後、別の地方への転勤となり、しかも今度は、又、支社部門への移動でした。

その地では、支社、工場での物流業務担当者による交流会は、なされていなかった為、早速三者交流会を実施しました。

当方も、当地の事情も、メンバーの様子も、未だ不明の事が多かったのです。

一挙に効果を上げるため、人数を増やして、1日半の集中検討会としました。人数を大巾増加としました。

そして、三者が合同となる様にしながら、複数のチームによる、検討会として取り組む事にしたのです。

各チームでの、話し合いの様子を、眺めていて、更に途中の取り纏《まと》めの中で気が付いた事がありました。

メンバー夫々が、本人にとっての課題、と思っている事が、様々な事柄ではあっても、その課題との思い込みから、抜け出せない様子が見えたのです。

他の人の、課題との、付け合せ、比較が出来ず、自分の殻から、抜け出せずにいるメンバーが、少なからず居た事でした。

その時に、気が付いたのです。

夫々が課題として感じている事、その内容が或るメンバーは、現状が旨く流れない不満であったり、本当は、こうなったら良いのに、の希望であったり、何でこんな仕組みになっているんだ、仕組みが悪い、とかでした。

その時、やっと気が付きました。

人が、課題と感じている不満の事でした。

その時に、五つの窓が生まれました。

課題、つまり不満、それは、一度思い込んだら、簡単には抜け出せなくなるものでした。他の意見に、意識を向ける事も困難な人も、いたのでした。

そこで、各チームから発表された課題の内容、及び、全員による討議の中で、どうやらその内容を、整理してパターン化出来そうだの思いでした。

研修は、初日前日の午後、後半は、二日目の午前中で修了。午後は夫々、各チームでの発表と、全員討議としていたのですが、後半に入る前に、まとめ方の提案をしたのです。

夫々が、様々に提示した内容、それらを、
①目標なのか、
②目的なのか、
③現在の悪さ具合なのか、
④悪さの原因なのか、
⑤それとも改善方法なのか、その五つに分ける事の検討会へと、
討議内容を絞る事にして貰ったのです。

そのために、提示した型が、五つの窓でした。

前述の図の、一つひとつの課題が、一体、どこに当たるのか、チーム内での課題を当てはめる事に注力して貰ったのでした。

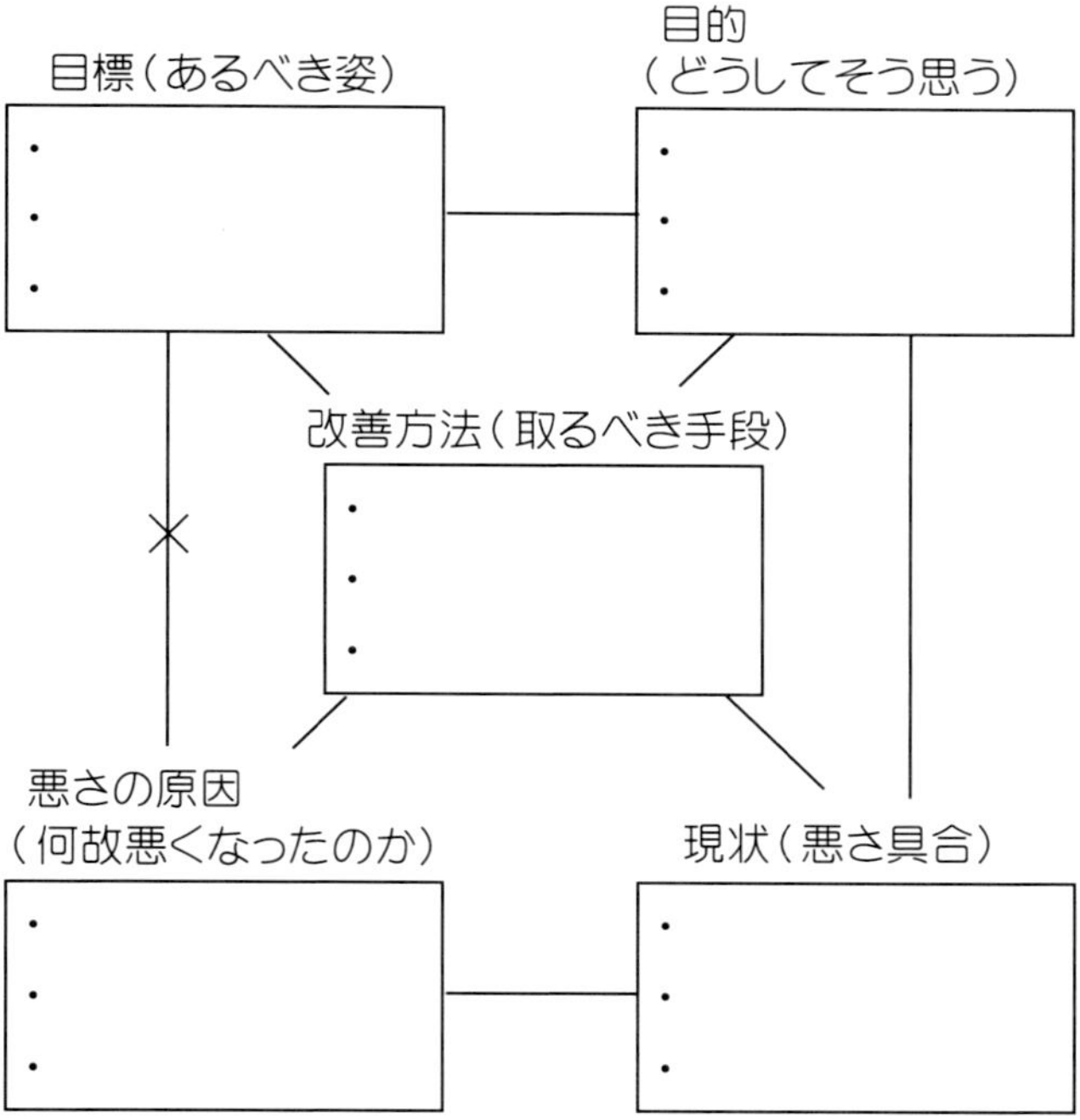
目標（あるべき姿）
目的
（どうしてそう思う）
改善方法（取るべき手段）
悪さの原因
（何故悪くなったのか）
現状（悪さ具合）

翌日の検討会では、夫々が提出した、課題の中味を、チーム内での話し合いの中で、何処の枠に入れれば良いかを、検討して貰う事にしました。

そして、午後は発表会。

夫々のチームによる発表と、他チームからの質疑や意見。相互理解は進み、今後の業務連携の、一層の円滑化、が期待されました。

当初は、共通理解のための手法、として生まれたものでした。

その後、自分自身が抱える、様々な課題を、この五つの窓を使って、取り組む事を実践したのですが、手法の持つ、更なる課題が見付かり、使い方の留意事項についても、整理が進みました。

又、当時、会社の中に導入されていた。勤務評価のルールとの関係にも、気が付きました。

目標によるマネジメント（management by object.MBO）と呼ばれる手法でした。

これは、年度初に、リーダーとメンバーが話し合い、到達目標と、その為の行動目標、つまり、年初に、メンバー自身がどんな事を成し遂げたいか、その為に、どんな対策を打つかを自己申告し、その内容をリーダー、メンバー間で共有し、必要なら修正して、目標とするものです。そして、年度末に、再度の面接で、結果についての評価を、話し合うのです。

その上で、一人ひとりの勤務評価を行う、と云うものでした。

どうやら、二つの目標、到達目標と行動目標は、五つの窓の、求める姿、取るべき手段に当たる、の思いでした。

そうすると、他の三つは、その補完になる、と気が付いたのでした。

後日、定年も視野に入り始めた頃、飲料会社への移籍となりました。

そこで、メンバーを抱える、リーダーの立場にもなっていたので、同じ考課法の中に、自職場のみでの、五つの窓を使用した評価法をテストしました。

その結果、個々のメンバーの、夫々の性格さえも、浮かび上がる結果となりました。びっくりしました。

内容の説明は、次項に移ります。

2．未来のために五つの窓を

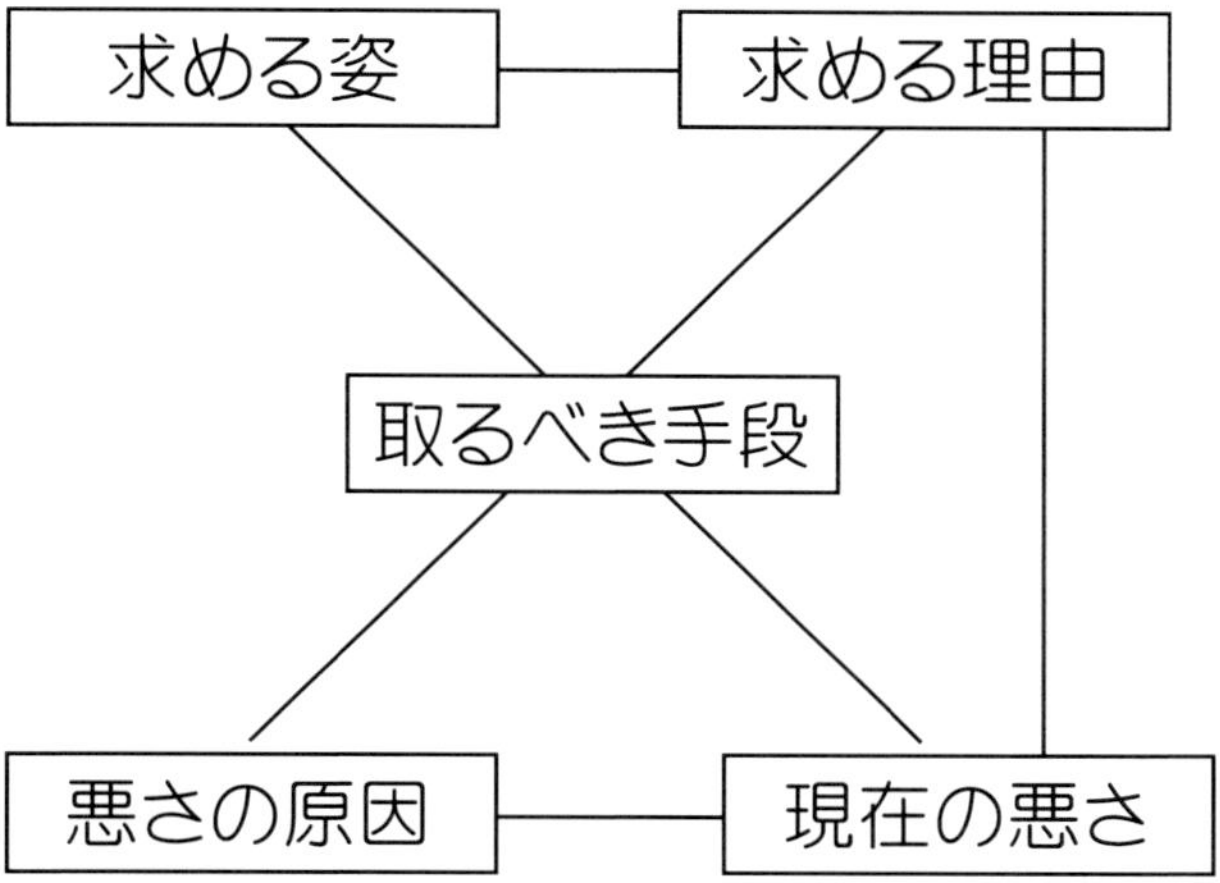

私達は、毎日の生活の中で、多くの苦難に悩まされ続けています。

四苦八苦する、の言葉が有ります。

仏教用語で、生きている事自体が苦であり、老いて行く苦であり、病気の苦であり、死の苦で四苦です。

そして、愛別離苦、怨憎会苦、求不得苦、五陰盛苦の四苦を併せて八苦です。

イエスは、〝人はパンのみにて生きるにあらず〟と言った。聖書の中味です。

では、何によって生きているのでしょう。

人が生きている、と云う事。それは、肉体が維持されている事、つまり食料を必要としている事は当然ですね。

では、生きているとは、どう言う事でしょうか。肉体は、魂を持っている事です。

人間を、心と身体に分ける事、それは、例えば、ケータイの本体（肉体）と、ＳＩＭカード（心＝魂）の様なものだ、と理解出来るでしょう。

但し、ケータイそのものが、動く事は有りません。

では、どうやって動くのでしょう。

人間が、活動をする事、それは、モーターの付いたケータイだ、と言う事です。

モーターは、成長願望、成長意欲、と言う名のものです。

そのモーターは、成長体験、成功実感と言う電池によって、動いているのです。

人は、生まれた瞬間から、泣き声を挙げ、意志表示を始めます。

乳を飲み出します。

やがて、這う、立つ、歩く、全て、成長体験として、積み重ねられます。

その体験によって、もっと成長したい、もっと、もっと、と。やがて、物心つく、となります。過去世の記憶は、潜在意識の中に閉じられ、新たな記憶が始まります。周囲との関係で、成長実感は夫々となります。成長の実感、それが価値観となって行きます。

人が、生きる、とは、人が成長を続ける、と言う事であり、肉体が、金属疲労によって、動きが鈍くなっても、電池は貯えられて行きます。

やがて、モーターは動かなくなって、電気は、魂魄《こんぱく》と言う電池に残ったまま、次の肉体に恵まれる迄、待機を続けているのです。

ちなみに、成長が、先行き見込めない、そう感じた時に、様々な精神障害を起こします。電池トラブルです。鬱《うつ》状になります。モーターへ電気の供給がうまくされないのです。肉体にも影響が出ます。

話が、とんだ方向に行ってしまいました。本題に入ります。

前章にて、様々な思考整理法について、触れさせて頂きました。これらの思考整理法に、共通している事があります。

それは、現状分析が、中心であり、主体となっていることです。

①のＫＪ法は、全体の理解のための手法です。

②のＰＤＣＡ法も、計画を立てるのは未来、とは言え、近未来でありやってみて、修正する、と言う事で、未来と言う計画よりも、実行と言う現状分析重視です。

③のヒヤリ・ハットも、危険予知と言う未来のため、とは言え、漠然とした未来で中心は現状分析です。

④のトヨタの看板方式も、次工程のため、と言う未来に備えるとは言え、決まりきった未来です。

⑤の1/2×1/2は、明らかに現状理解のための、集約化の手法です。

⑥の陰陽五行法は、様々な現象の本質・根本への集約化法です。

夫々、現状理解が中心となっています。

未来を描くことは、手法によって各自が作れば良い、となっています。

この五つの窓は、未来についての意識共有化も含めた形、となっています。

つまり、現在、抱えている課題、それは、不満であり、問題であり、行き違いであり、様々な内容です。

テレビのコメンテーター達が、討論している中味です。不満の代弁者。

では、どうやって解決するか、と言えば、課題、問題意識の違いによって、方向も夫々が違う解釈となって行くでしょう。

その時に、なんとなく皆が納得しやすい事、それは単純化です。

今、国連主導で進められているＳＤＧｓ。これも、単に、世界が抱えている様々な課題、問題を、17に絞って取り上げているだけです。単純化して。

従って、決して目的は達成する事は、有り得ません。夫々の解釈次第ですから。

ＳＤＧｓについては、別途、五つの窓での、統一解釈化を、進めたいと思いますが、ここで、1つだけ、取り上げておきます。目標13、気候変動に具体的な対策をです。この目標13、気候変動については、結局、いかにCO2を減らすのか、その具体的対策をと言っているのです。

非常に危険な、決め打ちなのです。

何故、CO2が増えたのか、その原因については、全く無視しています。

簡単な事です。

産業革命以来、CO2が増え続けているのは、産業革命以来、化石燃料の使用によって、一挙にエネルギー消費が拡大し、科学の発達によって人口暴発を起こし、人口暴発によって、更なる科学発達とエネルギー消費が拡大して行く、その事に触れる事なく、対策を立てる事の危険、ＣＯ2を減らせば良い、は、原子力発電をもっと効率的に、とばかり、核分裂式から、核融合（太陽と一緒）を始めようとしています。小さな太陽を地上に作ろう、としているのです。危険です。

自然エネルギーの利用、自然環境の様々な形では、自然破壊です。温暖化対策には、余り役立たない事ばかりです。人口暴発を日本の例でみると、江戸時代２５０年程は、人口は１０００万人前後で推移していたようです。明治に入って一挙に人口増、百年後の昭和四十五年頃には、既に一億超、10倍です。世界の人口も僅か百年で5倍以上です。エネルギー消費も同じように増加。

種々《しゅじゅ》、五つの窓の使用方法を述べる前に、注意事項を述べて参りました。

五つの窓は、結果が出れば、アッそうか、と分かってしまうでしょう。余りに簡易だから分かれば出来る、のですが、分かれば、出来たつもり、にもなり易いのです。

意識が低下して、具体的な取り組みへの意欲が、もう終ったに、なってしまう危険があるからでした。

それでは、ここから、五つの窓利用方法について述べて参りましょう。

五つの窓、それは、最後に纏《まと》めとなった姿の事です。

元々は、現状への不満、問題点、課題の共有化から出発しました。

つまり、多人数での検討が、前提でした。それを、個人としても利用し、又、他者についても、相手の話しの内容等で価値観や性格を理解する為にも、役に立つ事になります。

更に、使用上の注意事項としては、人によって、見ている景色の違いが有る、と言う事です。

大きな建物の、1階の窓から見える景色と、10階、20階と、どんどん上に挙った場所の窓から見える景色は、全く違った景色なのです。

その事も、五つの窓の利用で、解決出来ると言う事です。

つまり、世界平和、自分では、どうにもならない、ではないのです。

その為に、自分に何が出来るのか、そう意識することも出来るようになるのです。

さて、先ずは図の説明から入ります。

五つの窓の夫々の窓の説明です。
・右下〝現在の悪さ〟

私達が毎日生活しているこの社会、全てが順調、円滑に廻ってい
る訳ではありません。今現在に疑問や不満、不安に思っている事、
それが、現在の悪さです。
・左下〝悪さの原因〟
悪さには、必ず原因が有ります。
・右上〝求める理由〟
今の悪さを続ける訳にはいかない、の思いです。
・右左〝求める姿〟
今の状態を続けた未来では無く、望みたい未来、本来あるべき筈
の未来、こうあって欲しい未来です。
・中央〝取るべき手段〟
今のままでは、何も変わらない。否もっと悪くなる。それが現実

ですが、望みたい未来への取り組み方です。全てが変る事になるのです。

実に簡単ですね。今の不満足な状態を、満足出来るような状態にしよう。

そのため何をすれば良いのか、と言う事です。

その裏付けが、何で悪くなっちゃったのかを知る事です。

今のままなら、もっと悪くかも、を知る事です。

これが、五つの窓の組み立てです。

線で結んでいるのは、その関係です。

手順です。

①集める

毎日の生活や、仕事、或いは学びや訓練で、何故だか、嫌だな、面白く無いな、どうしてこうなっちゃうの、もっとこうすれば良いのに、ああなれば良いのに、こうある筈なのに…いつも持っている貴方の不満。

とにかく、メモを取る事です。1枚に1ケ、気が付いた時にです。

②分けて嵌める

もし、自分の不満が、たった1ケだけでしたら、その時は嵌めるだけになります。

―例―

・何か政治に期待出来ないんだよな。これも1つです。

・でも、選挙に行けと言われても、誰に入れれば良いか分からない。

・大体、言ってる事とやっている事、みんな違うんだよな。

・選挙に行け行けと言われるけど、結局、何も変わらないじゃないか。

これらは、同じ事の様に思えますが、僅かに違いが有ります。

一方で、別の声が有ります。

・若い人が、政治に関心が無くて困る。

・投票率が上がらない。

・立候補する人間がいない。

これらも、みんな同じような傾向、と思えますが、微妙に違っています。

どちらにしろ、選挙制度への理解が不足しているのです。

貴方が、もし、「政治が悪くて生活が苦しくて仕方ない。なんとかならないか」そう思っている若者に出会ったら、どんな返事をするでしょう。

—貴方が苦しいのは、自分の努力不足だ、政治の所為にするな、と言いたくなるでしょうか。

—政治が悪い、と言うけど、投票にも行かないじゃないか、でしょうか。

—政治が悪い、そうだ、そうだ、だから一緒に、政府を倒そう、ですか。

—苦しいのは分かる、でも何に一番困っているの、でしょうか。

様々な反応の仕方があります。

それが、人の世の常なのです。

〝集める〟は苦しい中味の違いも、政治への考え方の違いも、とにかく何でも良いから、メモをする事です。思い付いた事を。

〝分けて嵌《は》める〟は、そのメモの中味を五つの窓のどこに、一番該当するのか分けて嵌めると言う事です。

③絞り込む

様々な中味を、五つの窓の、どこかに必ず当て嵌めます。すると一つの窓が溢れたり、全く空の窓になったりします。

そこで、集中している窓の中味を、絞り込むのです。最も重要な事、乃至《ないし》、平均的理解が出来る事にです。精々三から五項目位に。

④補填《ほてん》する

最後に、全く空だったり、1つだけだったりした窓に、他の窓につり合った形で、補充する事で、完成させます。

その際留意《りゅうい》する事は。

全部の窓を、三つ位に絞って揃える事です。それで、誰もが納得できる形で完成します。

以上で手順の説明完了です。

3. 五つの窓、具体例
温暖化の緩和、脱却へ

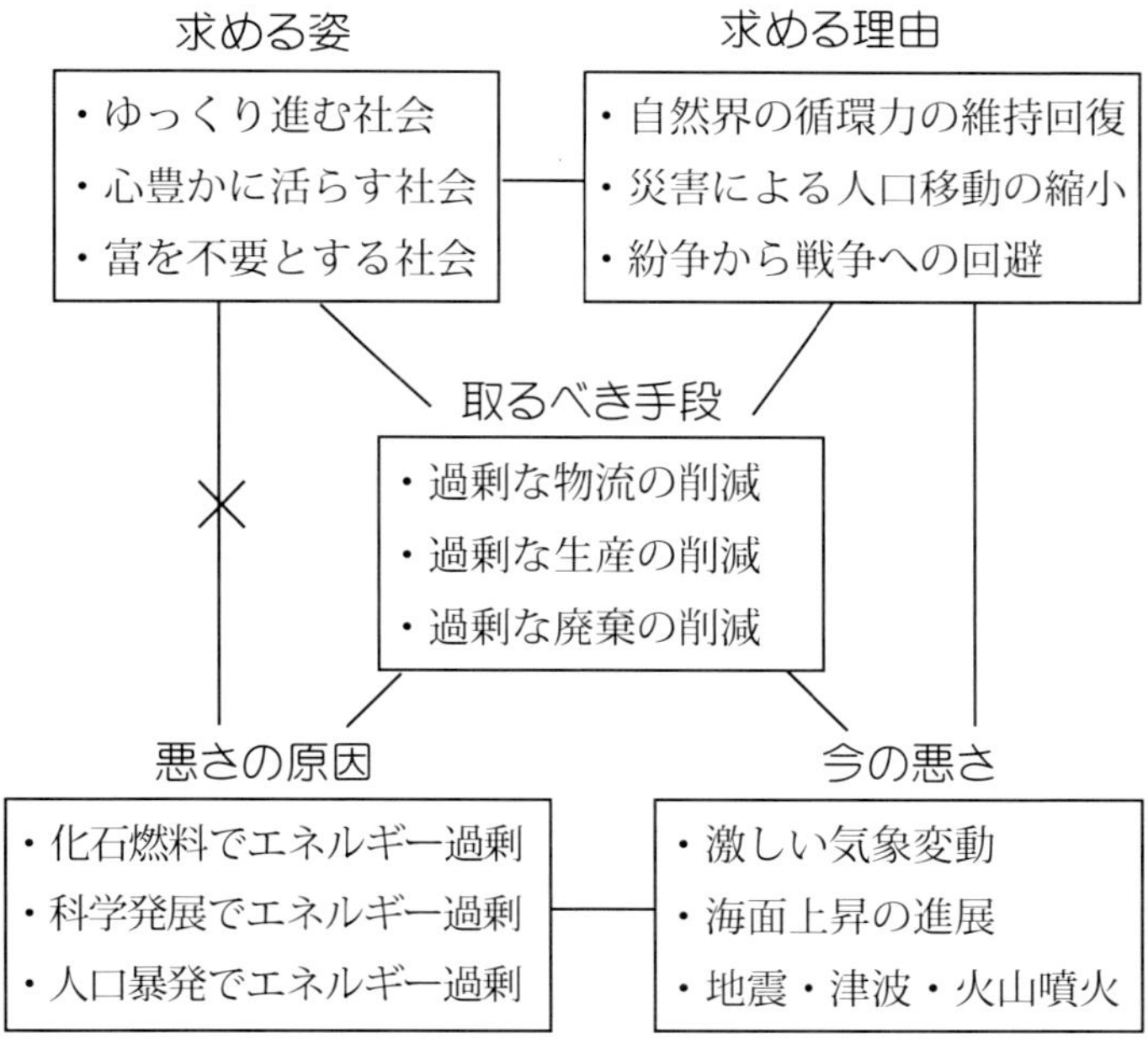

五つの窓の、具体的使用例、表示について述べて参ります。

ＳＤＧｓについては、次章について、総合的に取りまとめた形での、解析・分析を進める事としています。

ここでは、その中の、目標13、温暖化対策（気候変動及びその影響を軽減するための、緊急対策を講じる）について、五つの窓を使って、真の温暖化対策に迫ってみよう、その様な取り組みをしてみたいと思います。

［今の悪さ］
・激しい気象変動
地球沸騰化、とまで言われるようになった地球温暖化問題です。

ご承知の通り、世界中で異常気象が発生しています。

日本でも、嘗《かつ》て秋の始め、２１０日とか、２２０日とか言われていた台風襲来。

今では、真冬を除けば、何時でも襲来の恐れです。

しかも、とんでもない狂暴化した上でです。冬場でも、吹雪が台風並みの風速となって、襲ってきます。

ヨーロッパでも、アジアでも、アメリカでも日本以上の、巨大風水害の発生です。

・海面上昇の進展

太平洋の島々の国では、水面の上昇によって、国そのものの、消失さえ心配されています。

・地震・津波・火山噴火

温暖化は、気象変動の原因となっているばかりではありません。

様々な自然災害を、誘発している事も、近年明らかになってきています。

［悪さの原因］

・化石燃料でエネルギー過剰消費

人は、火を使う事を知って、動物界の頂点となりました。絶対的、繁殖力を手に入れたのです。

その、人間が使うエネルギーとしての火も、長い間、植物を、人力で加工する形で、利用していました。自然界への影響は、限定的でした。

ヨーロッパでの捕鯨は、脂を取って、ランプの火とするためのものでした（映画の白鯨も）。

その人間が、化石燃料を、使い出してしまったのです。産業革命です。

・科学の発展でエネルギー過剰

化石燃料の活用は、それまで得られなかった、高温をも可能とするようになりました。科学の発達です。

一挙に、エネルギー消費が拡大しました。

・人口暴発でエネルギー過剰

科学の発達は、一方で、人口暴発を誘発したのです。

寿命が延びて行く一方、機械稼働のための、労働力確保のために。

食料生産は、機械化によって必要人口を減らし、労働力の供給場所へ。(産めよ、増へよ、地に満ちよ：聖書、創世記より)

今、世界人口80億、産業革命直前、二百年程前には10億人だったのがです。アッと言う間に8倍に。

ＣＯ2が、エネルギーの過剰消費によって循環のメカニズムを遥かに超えて発生している事は間違い無い事です。

エネルギーの消費が、人口暴発を引き起こし自然界を破壊し続けている事が、自然の持つ循環による回復力を、大巾に削減させているのです。気象変動過激化の更なる加速です。

［求める理由］

・自然界の循環力の維持回復

自然界は、循環のメカニズムによって、成り立っている事は、誰方でも御存知の事です。しかし、その循環のメカニズムが、破壊され続けている事には、余り関心が向けられません。

大気中のCO2、植物が酸素に変えてくれている事、当り前の知識です。

その大気への酸素供給、アマゾンだけで、世界の1/4の供給源となっていたとの事です。僅か数十年で、面積は1/3に。

・災害による人口移動の縮小

自然災害は、国境を選びません。大災害の結果は、国境に関係なく被災者が難民となって移動する事が起こります。国境は、宗教の違いを伴う事も多いのです。特に一神教の世界での違いは骨肉の争い、最も醜い、激しい争いと言われています。

ユダヤ教、キリスト教、イスラム教、同じ神を拝みながら、殺し合いを続けます。

ちなみに、お釈迦様が、末世法滅と示された時期、それはイスラムの勃興、聖戦ジハードによる侵略開始の頃を差しています。インド仏教は終わり、古代バラモン教の復活でヒンズーにです。その争いを、自然災害は一挙に加速させます。居住地を捨て、大量移動する人達。混乱を加速させます。

労働力を必要とする国も、もうありません。

・紛争から戦争への回避

大災害では無くても、激しい気象変動は、貧しい国では対応不可です。住民の間に争いが始まり、内乱へ。そこへ外部の干渉、と進み、やがて国を跨る争いへ、戦争、そして世界大戦への危険。特に一神教の人々は、神に選ばれた事、神に誉められたいから、幾らでも殺し合います。何故なら、神は嫉《ねた》むからです（モーゼ十戒）。世界大戦への道を、何としても止めなければならないのです。

［求める姿］

・ゆっくり進む社会

科学の進化は、結果的に人間に楽を与えず、却って、過剰な活動を、生活の中に求めています。

コンビニ（7・11）が米国から導入されるまで、日本で、年中無休、深夜も営業、そんな小売店は有りませんでした。

・心豊かに活らす社会

仏教々典に、貧女《ひんにょ》の一灯《いっとう》、と言う文があります。

お釈迦《しゃか》様が説法を行う、と知った女性。どうしても聴聞したいし、折角だから、何かお釈迦様に、少しでも御供養させて欲しい、と願いました。

貧しい為に何も有りません。とうとう髪を切って売り、御供養としました。
会場には、王侯貴族を初め、様々な聴衆、大変な贈り物、そして沢山の灯。
お釈迦《しゃか》様が話を始めた途端《とたん》、風が吹いて、灯は、消えてしまいました。
たった一つ、貧女の御供養の灯が輝いていた。と言うものです。
身の貧しさよりも、心の豊かさが証明されました。
・富を不要とする社会
人は、パンのみにて生きるにあらず、でも名誉、権威、権力、色んな物を欲しがっても現代社会は、お金が無ければ何も得られません。

生きる為に必要な物、パン、を得られれば、良いのでは無いですか。

人と較べない社会。富を不要とします。

［取るべき手段］

・過剰な物流の削減

温暖化は、エネルギーの過剰消費が真因です。

その真因の一つが、物流に使われるエネルギーです。

日本で部品を作り、中国で組み立て、日本に持ち帰って販売する。

往復に使われている輸送手段。その物流に使われるものは、燃料だけではありません。港湾、空港、様々な施設。維持、管理にも、エネルギーは使われ続けます。

地産・地消で、減らせます。

・過剰な生産の削減
経営学に、マーケティング、と言う言葉があります。
いかにして製品、商品を、購入させるか、のテクニックです。
結果、消費者は、不用、不急の製品を、ついつい買ってしまいます。
生活に絶対必要な物、プラス必要な量の予備、それ以外を買わないようにしましょう。
4Rの一つ、リヒューズ、断る、減らすです。
・過剰な廃棄の削減
大量生産は、大量廃棄を生み出しています。一方で餓死する人がいる中で、大量の食料が廃棄されています。

江戸時代、単なる廃棄物は存在しませんでした。江戸湾、今の東京湾、築地も、火事で焼けた家の屋根瓦や、食器等、壊れた瀬戸物を埋め立てに使っていたようです。

火事が無ければ、100年でも長持ちさせてきた木造建物。

今、コンクリート作りの、頑丈な建物、僅か数十年で、建て替えられます。廃棄物、コンクリートの基は、自然界を破壊しての調達物です。


とにかく使い切りましょう。

4Rのリ・ユーズ、使い切るです。

買物は、中古品があれば、優先して購入しましょう。

以上

この五つの窓は、最上階の窓でした。実際に行動するためには、もっと下の階の窓からの景色を、眺める必要が出てきます。地上に飛び降りる必要も、時には必要になるでしょう。

そこで、次のステップです。

今度は、取るべき行動をそのまま、求める姿に移動します。

新たな五つの窓を作ります。

取るべき手段が、何故、今、出来ていないのか、今は何をしているのか、どうして出来ないのか。どうやったら、変えられるのか。

取るべき手段の、更なる具体化です。自分が実践出来る、他人にも声掛け出来る、そんなレベル迄、落し込んで行くのです。


五つの窓の、下降化《かこうか》でした。

五つの窓（上巻）
ISBN978-4-434-34600-2　C0015

発行日　2024年9月12日　初版第1刷

著　者　大野　眞言《まこと》

発行者　東　保司

発　行　所
櫂　歌　書　房
〒811-1362　福岡市南区長住4丁目9-1
TEL　092-511-8111　FAX　092-511-6641
E-mail:e@touka.com　http://www.touka.com

発売元　星雲社（共同出版社・流通責任出版社）